AF384240

VIEUX PARIS

VIEUX PLANS

PAR

Edmond BEAUREPAIRE

DE LA BIBLIOTHÈQUE DE LA VILLE DE PARIS

Armoiries de la Ville de Paris. — (Plan de G. Braun, 1572).

A. TARIDE, ÉDITEUR

18-20, Boulevard St-Denis, PARIS

Reproductions d'Anciens Plans de Paris

—

1910

PRIX : **1 Franc.**

Paris vers 1530 (région N. et N. E.). — (Extrait du plan de G. Braun, dit *aux Trois-Personnages*).

VIEUX PARIS

VIEUX PLANS

En entreprenant la publication de la **Collection des anciens Plans de Paris,** l'Éditeur TARIDE s'est proposé de reproduire les pièces les plus rares, les plus documentaires de la cartographie parisienne, les plus curieuses, les plus « parlantes », si on peut ainsi dire, aussi les plus indispensables à la connaissance ou à l'étude des transformations de Paris ; de grouper enfin pour les amoureux de l'histoire de Paris des éléments épars dans des dépôts publics, dans des collections particulières, et par cela même de consultation difficile, impossible en tout cas à faire chez soi, à son heure, à son gré.

Tous les soins ont été apportés à la reproduction de chacun des plans qui composent aujourd'hui cette collection, mise à la portée de tous par la modicité des prix.

Et, de même que l'éditeur ne s'est préoccupé que de reproduire les plus beaux exemplaires connus, appartenant soit à des collectionneurs classés : M. Edgar Mareuse, M. Victor Perrot, ou à des dépôts publics comme la Bibliothèque historique de la ville de Paris, il a voulu que chacune des planches de cette œuvre de vulgarisation fût accompagnée d'un texte commentateur, emprunté aux *Études archéologiques sur les anciens plans de Paris*, de M. Alfred Bonnardot, ouvrage qui fait autorité, ou rédigé par des écrivains spécialistes, d'une érudition proclamée, comme M. Alfred Franklin, comme M. Victor Perrot.

Cette **Collection des anciens Plans de Paris,** cette œuvre de vulgarisation à laquelle ont applaudi tous ceux qui désirent que l'on connaisse mieux la vieille et noble cité, pour qu'on la puisse aimer davantage, ne comprend que la reproduction de plans *originaux*, c'est-à-dire contemporains de l'époque qu'ils représentent. La série, à peu près complète, permet de remonter le cours des temps, revivre avec les ancêtres et voir

Le *Marché aux chevaux des samedys,* (Plan de J. GOMBOUST, 1652).

Paris s'agrandir, s'embellir toujours, malgré les traverses et les catastrophes, depuis le XVIe siècle, d'où date le premier plan gravé qui nous soit parvenu.

En effet, ceux qui se sont tout d'abord avisés d'écrire sur les origines d'une ville semblent n'avoir eu en vue que leur propre satisfaction. Ils acceptèrent et répétèrent tout, sans nul esprit d'examen ni de critique : légendes et récits, éloges et descriptions.

Les curiosités, encore mal éveillées, se contentèrent de ces fantaisies ; mais s'affinant avec le temps, elles réclamèrent bientôt des données moins vagues, des informations plus précises ; alors il fallut entrer dans les détails et regarder les choses de plus près avant que d'en parler.

Puis, sans tarder beaucoup, au désir d'apprendre les faits vint se joindre celui de voir figurées les cités qui en furent le théâtre, aussitôt apparurent les « imaiges », dessins ou plans, soumises elles-mêmes à la loi commune de perfectionnement, et qui accompagnent les textes.

L'histoire de la ville de Paris a passé par ces diverses phases. Bien avant qu'on pensât à discuter les questions relatives à son origine et à sa configuration, plusieurs érudits du moyen âge avaient à leur manière loué ou décrit la vieille cité. Parmi ces primitifs, je citerai le poète Guillot [1], qui rima *le Dit des rues de Paris*, tout au commencement du XIV⁰ siècle, et Jean de Jandun (l'anonyme de Senlis), qui rédigea son *Traité des louanges de Paris*, vers 1323, en réponse à un autre anonyme qui avait fait l'*Éloge de la cité de Paris*, en latin [2].

Quant à l'idée d'éclairer le sujet par une représentation figurée, il semble qu'elle ne se produisit que deux siècles plus tard, puisque le premier plan gravé de Paris que l'on connaisse n'apparaît qu'en 1550, dans une nouvelle édition de la *Cosmographie universelle* de Sébastien-Munster, cordelier allemand, traité de géographie publié pour la première fois à Bâle, en 1541, et plusieurs fois réimprimé.

Deux ans après, en 1552, Balthazar Arnoullet, libraire lyonnais, publia un ouvrage de Guillaume Guéroult, dont M. Julien Baudrier, l'érudit bibliophile, possède le seul exemplaire connu, et qui a pour titre : *Premier Livre des figures et pourtraitz des villes plus illustres et renommées d'Europe...*; dans cet ouvrage figure un *autre* plan de Paris, portant cette mention au bas d'un encadrement assez lourd : « *A Lyon, chez Balthazar Arnoullet, M. D. L. I.* » (1551).

Ce plan, qui se retrouve, mais sans encadrement, dans *Chroniques et gestes admirables des empereurs...*, Lyon, B. Arnoullet, 1552, puis dans l'*Épitome de la corographie d'Europe...*, Lyon, B. Arnoullet, 1553, et dans *Plans, Pourtraictz et Descriptions de plusieurs villes et forteresses ..*, Lyon, Jean d'Ogerolles, 1564, est encore utilisé... dans les exemplaires des éditions de S. Munster publiées en Allemagne, en 1598 et postérieurement. Il est alors replacé dans un cadre, copie servile de celui où il est dans le *Premier Livre des figures et pourtraitz des villes...* publié, comme je l'ai dit plus haut, par le libraire lyonnais B. Arnoullet, en 1552.

On désigne généralement ce plan sous le nom de *Plan aux Trois-Anges*, en raison des trois figures ailées qui soutiennent, à droite, l'écusson royal surmonté de la couronne fermée ; à gauche, les armoiries de la Ville de Paris. Sur le plan de S. Munster, l'écusson royal est remplacé par une bannière où sont inscrites trois fleurs de lis, et les armoiries de la ville de Paris par un cadre assez inélégant où figurent au nombre de sept des noms d'édifices ou de lieux.

Pour le surplus, sauf quelques détails d'importance topographique très relative et sauf les dimensions des planches, les deux plans se ressemblent... comme deux frères.

---

1. M. Edgar Mareuse a donné une excellente édition du curieux poème de Guillot (Paris, 1875).

2. Ils sont réimprimés dans l'*Histoire générale de Paris : Paris et ses historiens aux XIV⁰ et XV⁰ siècles*. Paris, 1857, gr. in-4°.

Au reste, l'antériorité du plan de S. Munster ne serait qu'apparente, s'il faut en croire M. l'abbé Valentin Dufour qui prétend que le *Plan aux Trois-Anges* ou d'Arnoullet est le prototype du plan inséré dans l'ouvrage du cordelier allemand, copié assez maladroitement par Hans-Rudolphe-Manuel Deutsch, dont il porte le monogramme [1].

Il convient d'ajouter que M. Gabriel Marcel a combattu cette opinion, pour conclure que « tous deux sont la copie d'un même original aujourd'hui perdu ».

La question n'apparaît donc pas comme définitivement solutionnée, et l'éditeur n'ayant pas à prendre parti, a cru pouvoir fixer son choix sur le **Plan aux Trois-Anges** *(le premier de la Collection)*, beaucoup moins

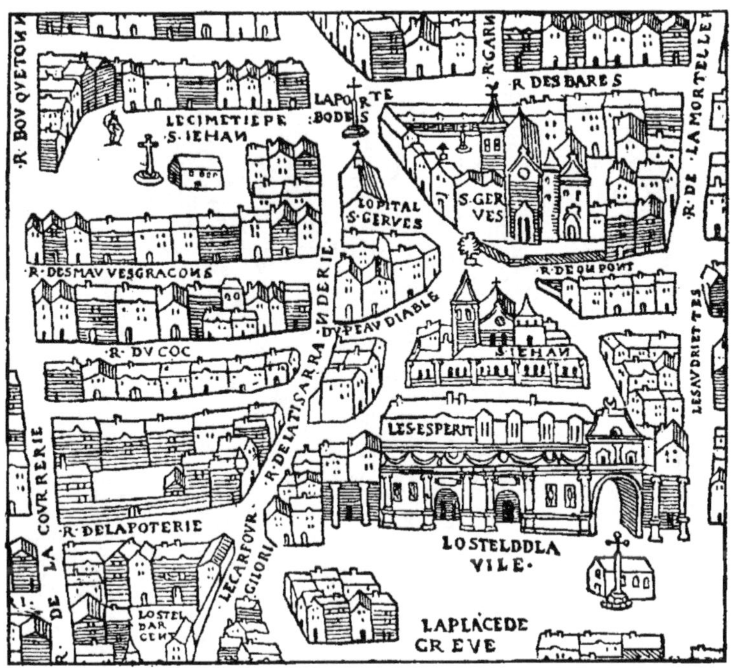

L'Hôtel de Ville et ses environs. — (Extrait du plan de Truschet et Hoyau, vers 1551).

connu que le « plan de S. Munster ». Au reste, l'intérêt principal de l'un et l'autre de ces *pourtraits* de Paris est dans leur rareté, car ils figurent tous les deux et assez grossièrement la même « imaige » de Paris, vers 1530 [2].

Et puis, quoi qu'il en soit, il ne faut considérer l'un et l'autre de ces plans, que comme des *imaiges* de Paris, dont la rareté fait le principal intérêt. Dessinées sans nul souci de la proportion ou de la direction des

---

1. *Bulletin de la Société de l'Histoire de Paris et de l'Ile de France*, IX, 45 et XIII, 169.

2. Le *Plan aux Trois-Anges* ou d'*Arnoullet*, mesure 0,254 × 0,162 ; et, plié en deux, il se trouve dans un in-4e ou un in-8e moderne ; — le *Plan de S. Munster* mesure 0,360 × 0,255, et accompagne un texte in-f° ; on peut admettre que ce fut pour le faire cadrer avec ce format que l'on *distendit* le champ du plan.

rues, sans nulle préoccupation de la direction respective ou de la proportion des édifices, il semble qu'elles ne peuvent avoir d'autre prétention que de montrer comment, autrefois, notre capitale se divisait en trois parties : 1°, la *Cité*, avec ses trois états nettement caractérisés : le *Palais*, séjour royal, siège du Parlement ; *la Pelleterie* (entre le boulevard du Palais et la rue de la Cité), où se presse, dans des rues étroites et tortueuses, toute une population marchande que les péripéties des invasions successives y ont concentrée ; *Notre-Dame*, abritant sous ses tours le cloître où vivent ses chanoines, le palais où réside l'évêque de Paris, car Paris ne deviendra archevêché qu'en 1622, sous Louis XIII, et les petites écoles où grouillent les écoliers ; — 2°, Au nord de la Cité, de l'autre côté de la Seine, s'étend la *Ville*, ou le quartier d'*Outre-Grand-Pont*, le *Grand-*

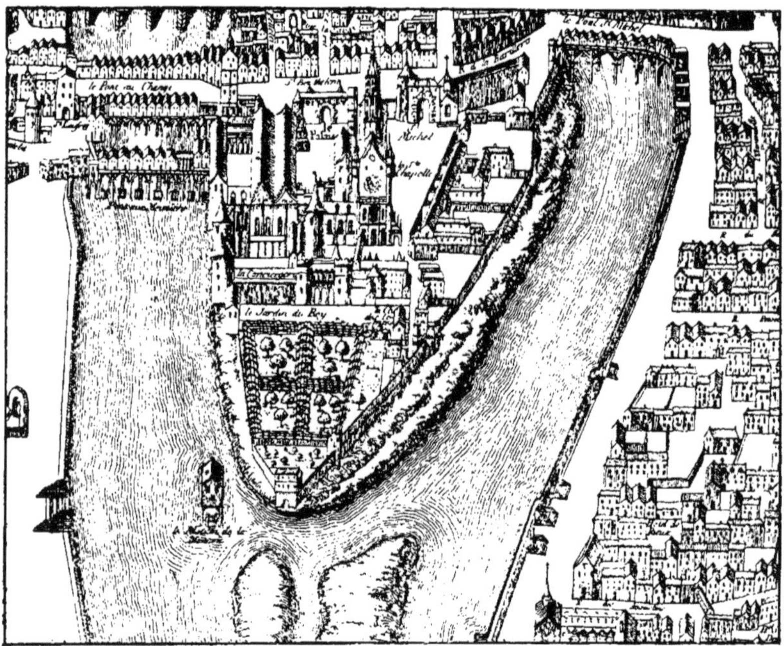

La Cité (partie occidentale), vers 1555. — (Extrait du plan dit de Ducerceau ou de Saint-Victor).

Pont d'alors que remplacera notre *Pont-au-Change*, et que dominait le *Grand-Châtelet*, siège de la Prévôté de Paris ; — 3° De l'autre côté de la Seine, l'*Université*, grimpant aux flancs de la *Montagne Sainte-Geneviève*, reliée à la Cité par le *Pont Saint-Michel* (achevé en 1387) et par le *Petit-Pont*, reconstruit en pierre en 1185, tous deux bordés de maisons, ainsi que des rues ; car, autrefois, ce que l'on voyait le moins à Paris c'était la Seine, disparaissant derrière les maisons élevées sur ses berges, édifiées sur ses ponts.

Il suffit, pour ressentir cette impression, de jeter un coup d'œil sur le **Plan** *dit* **aux Trois-Personnages** *(le deuxième de la Collection)*, très habilement gravé à l'eau-forte et qui offre, malgré son petit cadre, une exactitude surprenante, pour une époque où la géométrie ne pouvant être d'un grand secours au milieu d'un dédale de rues étroites, tortueuses et toujours encombrées, ce n'était guère que de mémoire et après un examen fort incomplet qu'on pouvait crayonner, tant bien que mal, la forme des rues et des principaux édifices. Aussi, ce plan, inséré dans un in-folio : *Civitates orbis terrarum* (Les cités de l'univers), édité à Cologne par Georges Braun, en 1572, et connu sous le nom de *Plan aux Trois-Personnages*, en raison des trois figures (un seigneur saluant deux dames en costume du temps de Charles IX) qui se voient en bas, à gauche, ce plan est-il encore, à proprement dire, un « pourtrait » de Paris, mais combien intéressant ! C'est le Paris du moyen âge, tout hérissé de tourelles, de pignons et de clochers qui nous apparaît.

A l'est, l'*Hôtel royal des Tournelles* occupe l'emplacement de la place des Vosges, non loin de la Bastille, dominant le quartier Saint-Paul et le faubourg Saint-Antoine ; au nord, le *Prieuré du Temple* et l'*Abbaye Saint-Martin-des-Champs*, apparaissent avec leurs courtines crénelées ;

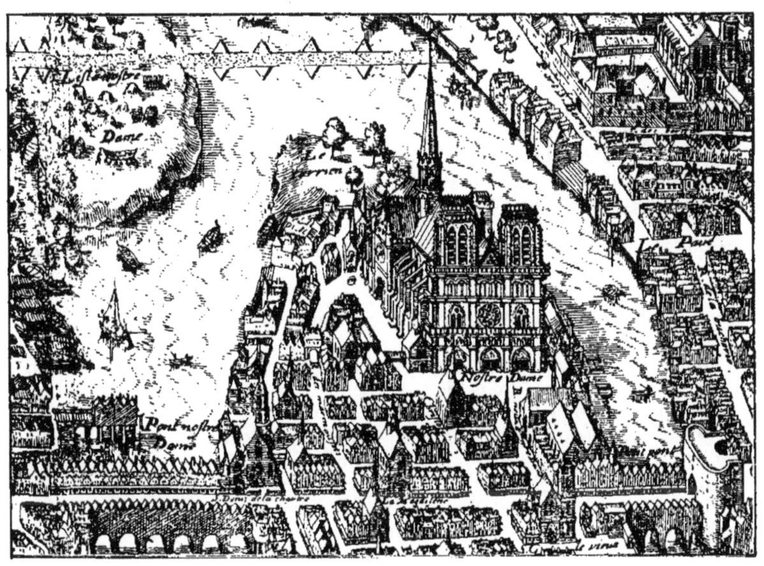

Notre-Dame et son cloître, vers 1615. — (Extrait du plan de Mathieu MÉRIAN).

l'ancien rempart de Philippe-Auguste, quoique englobé depuis deux siècles dans l'enceinte de Charles V, développe à travers les quartiers de la rive droite sa ligne de murailles jalonnées de tours massives ; le *Donjon de Jean-sans-Peur*, qui existe encore (rue Étienne-Marcel, 22), est nettement figuré, et la grosse tour du *Louvre*, dont François Ier ordonna la démolition en 1529, est séparée du *Cloître Saint-Germain-l'Auxerrois* par l'hôtel stigmatisé du connétable de Bourbon (sol du parterre du Louvre, vers le monument de Vélasquez) tandis que des fabriques de « tuiles » indiquent l'endroit où s'élèvera le *Palais des Tuileries ;* la *Butte Saint-Roch* est couronnée de moulins à vent et, sur le tracé de l'avenue de l'Opéra, se dresse l'échelle de justice de l'Évêque de Paris, qui fit donner à la rue la plus proche le nom qu'elle porte encore.

Au loin, l'*Abbaye de Montmartre*, la léproserie de *Saint-Lazare*, puis, sur les pentes méridionales, aux Buttes-Chaumont, vers l'angle que forment les rues de la Butte-Chaumont et Grange-aux-Belles, les piliers du *Gibet de Monfaucon* apparaissent au milieu des vignes, des saulaies et des cultures maraîchères.

Sur la rive gauche de la Seine, le rempart de Philippe-Auguste, resté mur d'enceinte, se soude d'un côté à la *Tour de Nesle* (pavillon oriental de l'Institut) et de l'autre à la *Tournelle Saint-Bernard* (entre le pont Sully et le pont de la Tournelle).

En dehors de ces fortifications, l'*Abbaye de Saint-Germain-des-Prés*, emmurée comme un château-fort, est isolée au milieu des prairies qui s'étendent jusqu'à Grenelle, et dont la partie basse (d'une façon générale, de la rue de l'Université à la Seine, jusqu'à la rue de Bourgogne), forme le fameux *Pré-aux-Clercs*, aussi cher aux « escholiers » que le fut aux étudiants du deuxième Empire, cette *Pépinière du Luxembourg*, ancien domaine des Chartreux, aujourd'hui couverte par le lycée Montaigne, l'École de Pharmacie, etc. — Au sud-ouest, sur partie de l'emplacement de la Halle aux vins, l'*Abbaye de Saint-Victor*, tout auprès d'un monticule que représente le labyrinthe du Jardin-des-Plantes, étale ses vergers arrosés par la *Bièvre*, détournée à son profit, et dont les eaux, après avoir battu les aubes d'un moulin : le *Moulin de Recouvrance*, viennent se jeter dans la Seine presque en face du pont Sully.

Intra muros, on voit surgir de toutes parts des clochers de couvents et de chapelles qu'on chercherait en vain aujourd'hui : le couvent des *Grands-Augustins* (entre le quai, la rue Dauphine, la rue Christine et la rue des Grands-Augustins) ; le couvent des *Jacobins* (entre les rues Saint-Jacques, Soufflot, Victor-Cousin et la place de la Sorbonne) ; les *Mathurins* (un vestige à l'angle de la rue de Cluny et de la rue du Sommerard) ; *Saint-Jean-de-Latran*, dont le donjon, dit plus tard tour Bichat, a été emporté par la rue des Écoles (entre les rues Jean-de-Beauvais et Thénard) ; les *Bernardins*, dont le réfectoire est affecté à une caserne de pompiers, rue des Bernardins ; et les dominant tous, le clocher de l'église Sainte-Geneviève : la *Tour Clovis*, comme on l'appelle, dont le carillon égrène, ô anachronisme ! les premières notes de : *Au clair de la lune*, sur les bâtiments subsistants de l'ancienne abbaye des Génovéfains.

Tout ceci c'est le Paris de la première partie du XVI⁽ᵉ⁾ siècle, et, en effet, le plan aux Trois-Personnages, quoiqu'il n'ait été publié à Cologne qu'en 1572, ainsi qu'il a été dit, représente Paris vers 1530, comme le plan de S. Munster ; bien plus, Simon Van der Nœvel, qui semble l'avoir gravé, a dû se servir du même document que l'anonyme du plan aux Trois-Anges, et que H.-R.-M. Deutsch, le graveur du plan intercalé dans la *Cosmographie universelle* du cordelier allemand. On peut admettre que tous les trois ne sont que des reproductions étrangères, des interprétations retouchées ou rajeunies d'un même plan français, officiel, levé conformément à une ordonnance rendue par François I⁽ᵉʳ⁾ à son avènement au trône, et dont le plus ancien témoin serait une « imaige » de Paris incrustée en marqueterie dans la table postérieure d'une viole fabriquée vers 1520 et qui figure dans une collection particulière : n'est-il pas évident que le luthier n'a pu lever lui-même le plan sur le terrain et qu'il faut qu'il en ait existé un sur lequel il se sera guidé ? Quel serait ce plan sinon celui, aujourd'hui disparu, qu'aurait fait dresser le roi François I⁽ᵉʳ⁾ ?

Les plans officiels de l'époque des Valois eurent, d'ailleurs, des destinées funestes. — A son avènement, Henri II, comme avait fait son père, ordonna de lever les plans des villes de son royaume. L'ordonnance existe encore, dit-on, et aussi paraît-il, le « plan de la ville de Lyon », mais le plan *original* de Paris a disparu. D'après Jules Cousin, on admet généralement que le **Plan** *dit* **de Bâle** *ou* **de Truschet et Hoyau**, et le **Plan** *dit* **de Saint-Victor** ou **de Ducerceau** (les 3ᵉ et 4ᵉ de la collection), en sont des copies collatérales exécutées *pour* et *par* le commerce.

Il n'existe du plan dit *de Saint-Victor* que trois exemplaires connus. — Le premier, conservé dans la bibliothèque de l'abbaye de Saint-Victor, dont la situation a été indiquée plus haut, était réputé unique, quand Bonamy, historiographe de la Ville de Paris sous Louis XV, engagea le Corps municipal à le faire reproduire ; le graveur Dheulland fut chargé de cette reproduction qu'il termina en 1756. — Dheulland s'acquitta de sa tâche avec un sans-gêne indigne d'un artiste et sans aucun respect pour son précieux modèle qui sortit de ses mains dans un état de dégradation et d'encrassement lamentable. Plus tard, l'exemplaire passa avec la majeure partie de la bibliothèque de l'abbaye à la Bibliothèque de l'Arsenal, formée des fonds réunis de la bibliothèque du duc de La Vallière et du marquis de Paulmy : c'est celui-là même que la Bibliothèque nationale possède aujourd'hui, par voie de réquisition. — Un deuxième exemplaire fut découvert, en 1845, par M. Gilbert, maître sonneur de Notre-Dame sous le titre assez bizarre de *conservateur des tours*. M. Gilbert l'avait payé 50 centimes, disait-il ; mais le vendeur, qui ne voulait pas passer pour avoir fait un marché de dupe, prétendait qu'il l'avait bel et bien payé 2 francs ! Ne cherchons pas à concilier ces vanités puériles et contentons-nous de dire qu'après le décès du « conservateur » des *tours de Notre-Dame,* ce même exemplaire, toujours considéré comme le second sans rival, fut adjugé à la Ville de Paris au prix alors inouï de 2,000 francs. Il a d'ailleurs été brûlé, en 1871, dans l'incendie de l'Hôtel-de-Ville. Mais, avant l'année terrible, en 1865, le libraire Tross avait *déniché* en Allemagne un troisième exemplaire du plan dit de Saint-Victor ; on raconte qu'il l'avait acquis pour un bock de bière et c'est ce même exemplaire qui, à la vente Destailleurs, a atteint, je crois, la jolie somme de 4,000 francs, sans les frais.

L'exemplaire de M. Gilbert ayant été brûlé, comme on l'a vu tout à l'heure, il ne restait donc que deux exemplaires du fameux plan, quand, en 1876, la mort de M. Tross en fit sortir une quatrième épreuve qu'il tenait en réserve ; c'est celle que possède la Bibliothèque de la Ville de Paris (rue de Sévigné, 29) et qui fut achetée 3,000 francs, plus les frais.

Ce plan dit *de Saint-Victor,* dans le sens de *Plan de Paris* « conservé » *à la bibliothèque de Saint-Victor,* a été attribué à Jacques-Androuet Ducerceau, sans aucune raison. Il n'est ni signé ni signalé dans l'œuvre du maître. L'exécution est irrégulière, sans homogénéité, indigne du célèbre artiste ; elle révèle partout un travail fait de plusieurs mains et des mains de simples ouvriers, une œuvre destinée au commerce et non point entreprise par l'architecte du roi sur l'ordre de son maître.

On peut croire que ce document graphique, très curieux d'ailleurs à consulter, a été intercalé dans une des nombreuses « cosmographies » publiées alors en Allemagne.

L'absence de lignes d'encadrement et l'état des *trois exemplaires connus* qui est identique, exemplaires évidemment détachés d'un volume relié dans lequel ils étaient pliés, appuie cette opinion qui expliquerait aussi l'absence d'adresse d'éditeur, le titre du livre devant y suppléer.

Quel est ce livre ? Point ne le sais. Peut-être le libraire Tross l'avait-il découvert et, peut-être aussi exhibera-t-on, un jour ou l'autre, d'autres exemplaires du plan de Saint-Victor.

Quant au **Plan de Bâle** dit aussi **Plan de Truschet et Hoyau** *(le 3ᵉ de la Collection),* il est encore plus rare que le plan dit de Saint-Victor, puisqu'on n'en connaît *qu'un seul* exemplaire, celui de la bibliothèque de Bâle, où il fut découvert en 1874, tant il est vrai que les plans ont leurs destinées...

tout comme les livres. Voici l'origine de cette découverte : un Bâlois, Basile Amerbach, l'un des membres de cette famille d'imprimeurs et de savants dont Érasme a fait l'éloge, étant venu à Paris vers 1557, sous Henri II, y acheta, comme souvenir peut-être, un plan de Paris et aussi un exemplaire d'un petit livre, sorte de « guide de l'étranger dans Paris » : *Les antiquitez et singularités excellentes de la ville, cité et université de Paris...* de Gilles Corrozet, qui fut plus tard libraire et mourut à Paris, où il fut inhumé aux *Grands Carmes de la place Maubert* (emplacement du marché des Carmes, en face de la statue d'Étienne Dolet).

A la mort de B. Amerbach, ses papiers devinrent la propriété de la ville de Bâle et, pendant trois cents ans, on les oublia dans les bahuts de la bibliothèque.

Un jour de l'année 1874, M. Sieber, alors bibliothécaire, découvrit la liasse poussiéreuse et y trouva un plan qui lui parut être celui de Paris ; il en écrivit à Jules Cousin, qui partit aussitôt pour Bâle, fit photographier le plan puisqu'il ne pouvait l'acquérir, et la *Société de l'Histoire de Paris*, sur son initiative, le fit graver en *fac-simile*. L'éditeur de la *Collection des anciens Plans de Paris* a eu la bonne fortune d'obtenir de la Société de l'Histoire de Paris l'autorisation de reproduire ce plan rarissime.

Avant que d'être libraire et d'avoir boutique au « Palais » Gilles Corrozet, dont on parlait tout à l'heure, avait été d'abord, de son métier, conducteur, « cicérone », des étrangers dans Paris ; c'est ce qui l'avait engagé, suivant toute probabilité, à publier son petit livre, dont l'édition *princeps* parut en 1532.

On recherche aujourd'hui les exemplaires, très rares, des différentes éditions de cet ouvrage d'une exactitude contestable, et on les paie bien au-dessus de leur valeur réelle, tout en convenant qu'il est plus curieux qu'utile.

C'est, en réalité, une chronique fabuleuse pour toute la période antique, plus que succincte pour la période contemporaine, dont chaque chapitre se trouve ensuite résumé en quelques vers que l'on peut qualifier, suivant la devise de l'auteur, de *plus que médiocres*.

Tout ceci paraît nous éloigner du plan qui nous occupe ; il n'en est rien.

En effet, au bas du plan de Truschet et Hoyau, trois grands cartouches alignés encadrent des inscriptions ; les deux premiers, qui se font suite, sont consacrés à un long poème de 108 vers à la louange de Paris, et ce poème interminable est précisément celui-ci qui termine et résume le petit livre de Gilles Corrozet. Bien plus, on trouve le nom du futur libraire en isolant les lettres initiales des quatorze premiers vers :

> *Gentilz lecteurs amateurs d'escripture,*
> *Ioyeulx espritz regardez la stature*
> *Le Bastiment et la fondation*
> *L'accroissement et l'augmentation*
> *Et la façon comment Paris la Ville*
> *S'est augmentée en matière civille.*
> *Considérez la sienne antiquité*
> *Où mainctz cas sont en singularité ;*
> *Regardez bien tous ces beaulx édifices ;*
> *Recognoissez ses louenges propices*
> *Où on comprend sa valeur et noblesse*
> *Son hault estat, sa douce gentillesse,*
> *Et tous les biens qu'on peult en vérité*
> *Totalement dire d'une cité,*

Ne peut-on pas conclure que c'est sous le patronage de Gilles Corrozet, et peut-être par lui-même, que fut édité le plan retrouvé à Bâle ; Truschet et Hoyau n'en étant que les graveurs et les imprimeurs. Quoi qu'il en soit, c'est le premier plan de Paris *isolé*, le premier qui ne soit pas intercalé dans un ouvrage quelconque. — C'est aussi le premier qui porte une adresse, et cette adresse est parisienne : Truschet et Hoyau commerçaient *Au chef Saint-Denis*, en la rue Montorgueil, en ce temps-là (vers 1551), habitée par toute une colonie d'« imaigiers » : Marin Bonnemer et Clément Boussy, à l'*Echiquier* ; Denis de Mathonière, à la *Corne de Daim* ; Jean Boussy, à l'*Espinette* ; Ch. Levigoureux, à l'*Image Saint-Pierre*, etc., etc...

Mais ce Paris qu'il nous représente, c'est encore le Paris des Valois ;

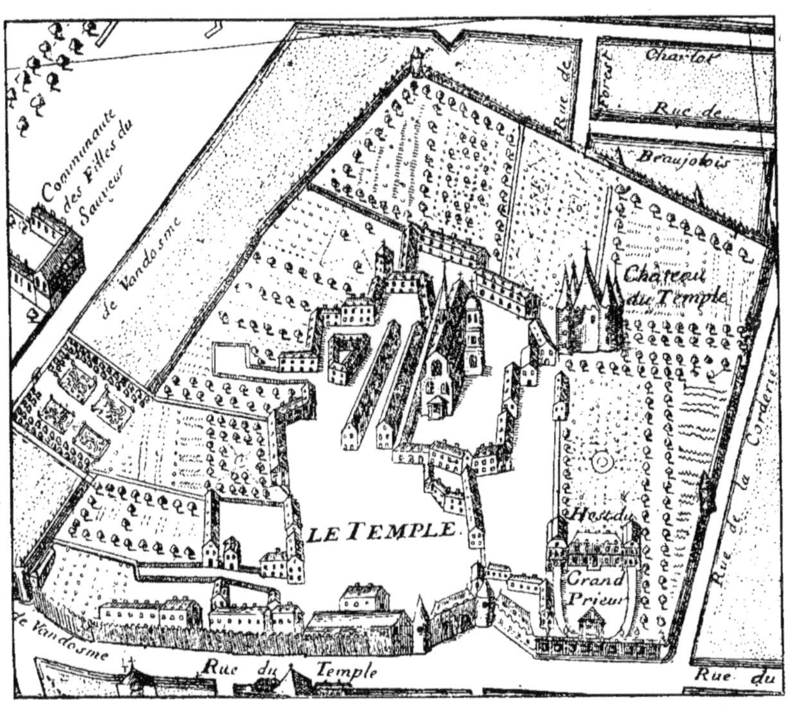

Le Temple et son enclos. — (Extrait du plan de Bullet et Blondei, édit. de 1700).

par exemple, à la pointe occidentale de la Cité, figurent l'île de Buci et l'île du Patriarche, dont la réunion a formé l'emplacement de la *place Dauphine* qui apparaît toute neuve, avec ses maisons brique et pierre sur ce joli **Plan de Mathieu Mérian** (*le 5ᵉ de la collection*), qui porte la date de l'année du mariage de Louis XIII avec l'infante Anne d'Autriche (1615).

Entre le plan de Bâle (vers 1551), le plan dit de Saint-Victor (vers 1551), et le plan, la *vue cavalière* de Mathieu Mérian, soixante ans se sont écoulés. Mais les guerres et les troubles politiques ont détourné l'attention des travaux pacifiques et, si l'on excepte les images jointes aux relations du siège de Paris par le *Navarrais* (Henri IV), nul plan de Paris n'est vraiment à signaler, avant celui de François Quesnel, qui parut vers 1609. — Il est rarissime, puisqu'on n'en connaît qu'un seul exemplaire qui est à la Bibliothèque nationale ; la gravure en est attribuée à Pierre Vallet, artiste estimé de son temps. L'œuvre est en elle-même assurément intéressante ; toutefois, en l'examinant avec attention on voit que François Quesnel devait être quelque peu maniaque. C'est ainsi que, comme *échelle*, il dessine bravement au bas de son plan un compas ouvert donnant dans l'écartement de ses branches... *l'échelle des pas de l'auteur*. — Une autre de ses manies, c'est d'élever dans les places et carrefours, qu'il trouve trop nus sans doute, une petite potence munie d'un pendu, ou, comme variante, une potence avec son échelle patibulaire, attendant le patient. Ce plan de Quesnel a aussi un défaut, mais un défaut commun à tous les autres, même à ceux qui nous sont contemporains, celui d'indiquer comme fait accompli de simples projets. Ainsi, la *rue des Rosiers* aboutit sur son plan à la *rue Pavée* (au Marais), et cette prolongation n'a été effectuée qu'en juin 1850 (deux cent quarante ans plus tard !) Quoi qu'il en soit, il présente des particularités intéressantes ; on peut y suivre notamment l'histoire de la construction des Tuileries et du Louvre. C'est, si on peut ainsi dire, la préface de ce joli plan de Mathieu Mérian d'aspect si gai, si vivant, et d'une bien autre valeur artistique, d'ailleurs. — « C'est, a écrit Bonnardot, le plus intéressant par ses détails et l'un des moins inexacts parmi ceux publiés entre 1600 et 1652 ». — A chaque feuille s'ajoute latéralement une bande représentant, en quatre compartiments, des personnages en costumes de l'époque, et dont le dessin est attribué à Jacques Callot. Le compartiment supérieur représente Louis XIII encore enfant ; — au-dessous, des « gens de cour », *changeant*, dit l'inscription, *d'habits de jour en jour ;* viennent ensuite les gens « d'épée » et les « riches marchands », enfin les « paysans et les porte-cotrés ». — L'autre bande, qui se rattache à la seconde feuille, offre dans un ordre analogue des costumes de femmes de diverses conditions, depuis la reine jusqu'à la porteuse d'eau.

Mérian s'est certainement aidé du travail de Fr. Quesnel, et c'est pourquoi j'ai cru devoir en parler, mais il en a rectifié et modifié beaucoup de points, comme il en a rectifié et modifié beaucoup d'autres qui manquent sur le plan de 1609. Son plan est, sans doute, plutôt une vue à vol d'oiseau ; mais cette image est si pittoresque qu'on oublie volontiers ses défauts et ses fictions, bien plus, on s'y habitue et on les adopte, parce qu'on peut, en quelque sorte, se promener partout dans le Paris de Henri IV et de la minorité de Louis XIII.

Instruit par l'exemple de Henri III, et craignant d'être un jour bloqué dans le Louvre, Henri IV a terminé les *grandes Galeries du Louvre*, édifié le *Pavillon de Flore* et le bâtiment en retour d'équerre qui effectua la réunion au *Louvre* du château des *Tuileries* de Catherine de Médicis. Le *Pont-Neuf*, parachevé, est devenu la promenade favorite des Parisiens, qui, pour la première fois, peuvent contempler du haut d'un pont sans maisons l'admirable panorama de la Seine, jusqu'aux hauteurs de Meudon, de Saint-Cloud et du Mont-Valérien. Des fenêtres de la *place Dauphine*, on peut voir les théâtres en plein vent : Mondor, Tabarin, puis, tout le long des hauts trottoirs du pont, l'interminable file des boutiques volantes, protégées par de gigantesques parapluies ; tandis que sur l'emplacement de l'hôtel des Tournelles, s'étalent les splendeurs de la *place Royale* (place des Vosges), où naît la future Mme de Sévigné (n° 1), où habitent Marion de l'Orme (n° 6), et le cardinal de Richelieu (n° 21), dans le voisinage de Ninon de Lenclos, dont la demeure subsiste *rue des Tournelles, 28*, en plein ce quartier des Marais, alors aux mœurs galantes, où loge Scarron *(rue de Turenne, 56)*, où fréquente, à l'hôtel d'Albret *(rue des Francs-*

Bourgeois, 31), Françoise d'Aubigné, plus tard Mme de Maintenon : *Mme Louis XIV.*

Et quand ceci advint, Paris n'était plus le Paris du plan de Mathieu Mérian, ni celui du **Plan de Jacques Gomboust** (1652, *le 6e de la Collection*), ni même le **Plan de Jouvin de Rochefort** (*le 7e de la collection,* vers 1675), présenté aux amoureux du Vieux Paris par M. Victor Perrot, d'une façon si pleine d'érudition gracieuse et d'une si élégante documentation, c'était déjà le Paris du **Plan de Bullet et Blondel** (*le 8e de la collection*), reproduit dans la collection d'après le bel exemplaire de M. Edgar Mareuse, le savant bibliophile. (Édition de 1760).

Le dôme, qui a fait son apparition en 1656, quand Philibert Delorme a coiffé d'un comble hémisphérique le pavillon pour Catherine de Médicis

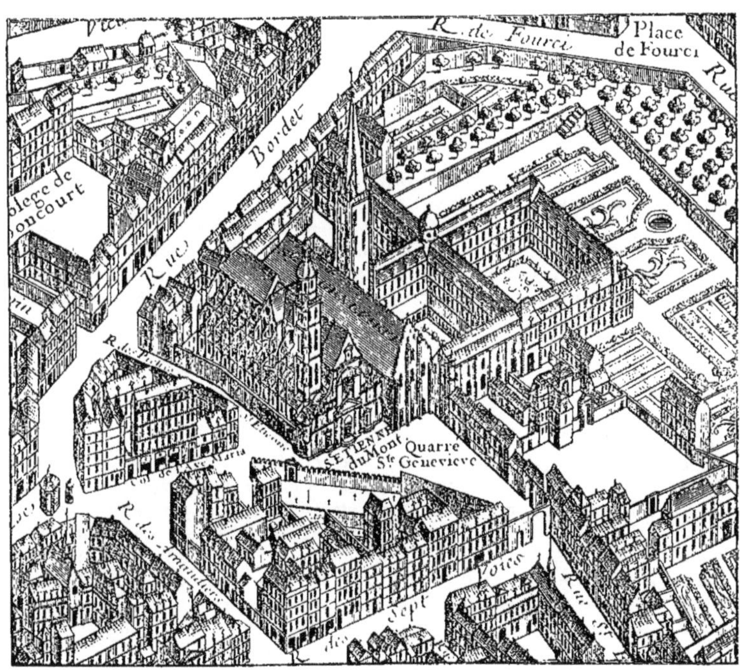

L'Abbaye de Sainte-Geneviève. — (Extrait du plan de Bretez, dit de Turgot, 1734-1739).

au delà du Louvre, a conquis tout à coup une vogue telle, qu'il est devenu la couverture obligée de tous les édifices importants ; et, sous Louis XIV, tous les sommets s'arrondissent : l'*Église Saint-Paul-Saint-Louis* (ancienne chapelle de la maison professe des Jésuites), la *Salpêtrière*, le *Val-de-Grâce*, la *Chapelle du collège des Quatre-Nations* (palais de l'Institut), l'*Église de l'Assomption*, la *Chapelle des Invalides*. De pointu qu'il était sous François Ier et Henri II (plans dits de *Saint-Victor*, de *Bâle* et aux *Trois-Personnages*), Paris est devenu convexe, et telle est bien l'impression que laisse ce beau plan dressé par Bretez, en 1739, sous la prévôté de Turgot, et, pour cette raison, dit **Plan de Turgot** (*le 9e de la Collection*), et qui donne si magistralement, avec une ampleur, une grandeur sans secondes la physionomie du Vieux Paris, ainsi qu'il était encore à la veille de la Révolution, bien plus : ainsi qu'il était encore, sauf des opérations partielles et des disparitions d'édifices lorsqu'on entreprit d'*haussmanniser* Paris.

Ce n'est pas que des transformations successives n'eussent déjà été effectuées méthodiquement : elles datent déjà de plus de deux siècles. — Si le *Cours-la-Reine*, créé par ordre de Marie de Médicis, remonte à l'année 1616, par contre la création de l'*avenue des Champs-Élysées* ne date que de 1670 et encore la création de la *place de la Concorde*, appelée primitivement place Louis XV, n'a-t-elle été achevée qu'en 1772. La création de la ligne des « *Grands Boulevards* » appartient au règne de Louis XIV. L'ouverture du *boulevard du Temple* a été autorisée par arrêt du Conseil du Roi le 7 juin 1656. Les boulevards *Beaumarchais* (autrefois de la Porte Saint-Antoine), *Saint-Martin* et *Saint-Denis* sont de 1670, les boulevards *Poissonnière*, *Montmartre*, de la *Madeleine*, datent de 1676. La *rue Royale*, qui termine le demi-cercle, vers la Seine, n'a été ouverte qu'en 1757, comme complément de la décoration de la place de la Concorde par l'édification des monuments de l'architecte Gabriel : le Garde-meuble de la Couronne (*aujourd'hui Ministère de la Marine*) et les hôtels qui lui font pendant (n° 4, hôtel de Coislin ; n° 6, hôtel Pastoret ; n° 8, de Fougères ; n° 10, de Crillon).

Sur la rive gauche, l'œuvre d'édilité de l'ancien régime s'est concentrée plus spécialement autour des Invalides et de l'École Militaire, dont la création est due, on le sait, à Louis XIV et à Louis XV. L'*Esplanade des Invalides* a été aménagée en deux fois. La portion principale, jusqu'à la rue de l'Université, a été achevée en 1704 ; le prolongement de l'Esplanade jusqu'à la Seine a été terminé en 1720. Mais l'aménagement du Champ de Mars n'a été fini qu'en 1770 et la grande *Avenue de Breteuil* qui sert à la perspective du dôme des Invalides n'a été ouverte que sous le règne de Louis XVI, à l'époque où ont été achevés les *boulevards du Montparnasse* et *des Invalides*, ainsi que toutes les avenues entourant l'École Militaire et les Invalides.

Tels étaient (d'une façon générale, bien entendu), les grands travaux de voirie effectués par l'ancien régime, et, en réalité, la topographie générale n'avait pas été beaucoup modifiée. Les grandes voies créées sous Louis XIV, Louis XV et Louis XVI étaient, comme on peut le voir en comparant, par exemple, le **Plan de Delagrive** (1737, *le 10ᵉ de la Collection*), au **Plan de Maire** (*le 11ᵉ de la Collection*, 1808), étaient, dis-je, situées surtout à la périphérie de l'agglomération urbaine. Les quartiers populeux n'avaient pas changé. Aucune voie nouvelle n'était venue désencombrer les rues si étroites du vieux Paris. Pour mettre en communication la rive gauche, il n'y avait, en dehors des vieux ponts de la Cité et de l'île Saint-Louis, que le *pont Royal* et le *pont de la Concorde*, tout récemment terminé avec les pierres de la Bastille. Pour la traversée de Paris de l'est à l'ouest, il n'existait que la rue Saint-Honoré, se ramifiant par la rue de la Verrerie à la rue Saint-Antoine.

La municipalité révolutionnaire de Paris se préoccupa de cet état de choses. On institua une grande *Commission* dite *des Artistes* qui, profitant de la confiscation des propriétés des nombreuses congrégations établies à Paris, « tailla en plein drap ». Il semble qu'elle ait décidé l'ouverture d'artères nouvelles, exécutées plus tard par d'autres gouvernements. Ç'auraient été, sur la rive droite, la rue de Rivoli actuelle, le long du Louvre et des Tuileries, puis une grande rue partant de l'axe de la colonnade du Louvre pour aboutir à la Bastille (un ancien projet de Colbert) ; encore la rue de la Paix, la rue du Marché-Saint-Honoré, etc... Sur la rive gauche, la Commission avait décidé la percée de l'avenue de l'Obser·

vatoire, la rue d'Assas, la rue d'Ulm, la rue Clovis, la rue de Bellechasse, etc., et la construction d'un pont en face du Champ-de-Mars.

On a beaucoup discuté sur les projets de la Commission des Artistes, et ce n'est point ici endroit à prendre parti. Il fallait en faire mention cependant, je l'ai fait et je vais indiquer maintenant quelques-unes des rues que l'on doit à la période révolutionnaire : les *rues Buffon*, d'*Assas*, de *Fleurus*, et les petites rues de ce quartier, les rues *Duroc* et *Éblé*. Sur la rive droite, les rues *Mandar* et du *Caire*, le *passage du Caire* et la rue d'*Enghien*, le haut et le bas de la rue *Hauteville*, le bas de la rue *du Helder*, la rue *Pasquier* (alors rue de la Madeleine), la rue *Montaigne*, la rue *Marbœuf*, etc...

Sous le Consulat et l'Empire, on achève tous les quais ; on construit les ponts d'*Austerlitz*, des *Arts* et d'*Iéna* ; on commence la rue de *Rivoli*, entre la place de la *Concorde* et la rue de *Rohan*. On dégage les environs de la nouvelle *Madeleine* ; le quartier de la *place Vendôme* est complété par les rues *Castiglione* et de la *Paix*, par les rues *Duphot* et *Richepanse*, par la rue du *Mont-Thabor*, où l'on construit, sur l'emplacement du couvent des Capucins, l'ancien Ministère des Finances, incendié en 1871 et remplacé depuis par un somptueux caravansérail. On édifie, rue de la Pépinière et rue de la Bienfaisance l'*abattoir du Roule*, plus tard déplacé lors du percement de l'avenue de Messine. Dans le centre même de Paris, la construction de la *Bourse* amène le prolongement de la rue Vivienne jusqu'au boulevard et la démolition du *Temple* permet le développement de tout un quartier. Sur la rive gauche on dégage le Panthéon, on perce l'*avenue de l'Observatoire*, on prolonge la rue *Bonaparte*, la rue de *Seine*, la rue de *Bellechasse*, etc., tandis que l'on projette d'édifier un palais pour le roi de Rome sur les hauteurs de Chaillot mal nivelées, sur l'emplacement actuel du palais et des jardins du *Trocadéro*, nom d'une victoire remportée en Espagne par le duc d'Angoulême, en 1823, Louis XVIII régnant.

Au reste, la Restauration et la Monarchie de Juillet continuèrent ces aménagements. On termina à cette époque les rues commencées sous l'Empire. On creusa le *canal Saint-Martin*, ce qui supprima les anciens fossés de l'Arsenal, si pittoresques sur le *Plan dit de Turgot*, et l'on mit en valeur tous les quartiers hauts de Paris. Le *quartier Saint-Vincent-de-Paul*, avec les rues du *Nord* (absorbée par la rue Magenta), *Lafayette* (du faubourg Poissonnière au faubourg Saint-Martin), *Chabrol*, *Rocroy*, *Belzunce*, *Dunkerque*, a été tracé de 1822 à 1830. Tout le *quartier de la Madeleine*, avec les rues *Tronchet*, *Godot-de-Mauroi*, de *Sèze*, date de la Restauration. On amorce la construction du *quartier des Champs-Élysées* par l'ouverture des rues *Beaujon*, *Fortuné* (actuellement *Balzac*), *Châteaubriand* et *lord Byron*. On commence à bâtir le *quartier de l'Europe*, et les rues de *Londres*, de *Constantinople*, de *Hambourg*, de *Saint-Pétersbourg* et d'*Amsterdam*, et la construction de la *gare de l'Ouest*, dégagée par la rue du *Havre*, donne à tous les immeubles de cette région une valeur immédiate, dès les premières années du règne de Louis-Philippe. — A cette époque se rapportent plus spécialement la rue de *Rambuteau* qui date de 1838, *les ponts de Constantine*, *Louis-Philippe* et *du Carrousel* (le *pont des Invalides* était achevé en 1829) et toute la formation du quartier délimité par les rues des *Martyrs* et de *Clichy*. La rue *Notre-Dame-de-Lorette* est de 1835 ; la rue de *Douai* date de 1844-47, la rue de *Bruxelles* de 1844, ainsi que les rues de *Calais*, de *Boulogne*, *La Bruyère*, etc. Enfin, c'est à cette époque que l'on supprime l'*île de Louviers* (entre le boulevard Morland et la Seine) et que l'on achève le *quai Saint-Bernard*.

Ainsi, comme on peut le voir sur le **Plan de Vicq** (1842, *le 12e de la*

Collection), des arrondissements entiers se forment, et le moment arrive où il faudra donner à Paris qui étouffe dans l'*Enceinte des Fermiers-Généraux* (*la ligne de nos boulevards extérieurs*), des voies plus larges, des carrefours plus spacieux. Telle est bien la physionomie de ce Paris que va transformer le baron Haussmann, un homme intègre, et que tous les Parisiens doivent

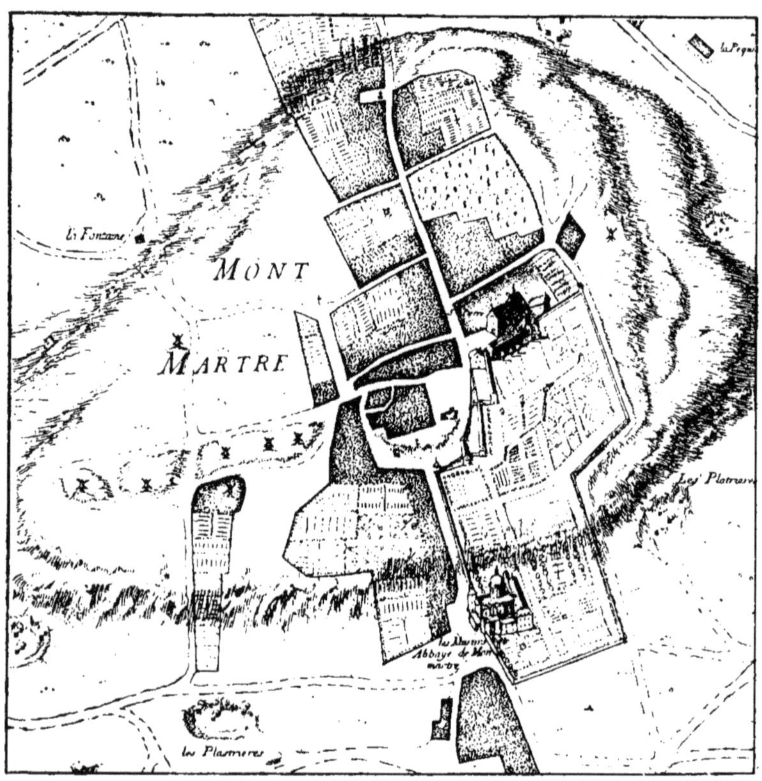

Montmartre vers 1675. — (Extrait du plan de Jouvin de Rochefort).

honorer. Mais si nous nous arrêtons ici, à ce *Plan de Vicq* qui représente si bien le Paris de Louis-Philippe, le Paris d'avant la Révolution de février, si nous mettons à côté le plan *aux Trois-Personnages*, par exemple, c'est-à-dire le plan d'une ville de 484 hectares (1553-1581) et celui d'une ville qui, au moment de la publication du *plan de Vicq*, mesure 3.403 hectares (avant l'annexion de 1860), si nous suivons les transformations de Paris dans cette série de plans de la **Collection Taride,** on comprendra mieux le développement de la Ville glorieuse, les annales de notre **Cité,** et la reproduction de ces **vieux plans** nous donnera fierté plus grande de notre **vieux Paris** que tant nous aimons.

EDMOND BEAUREPAIRE,
de la Bibliothèque de la Ville de Paris.

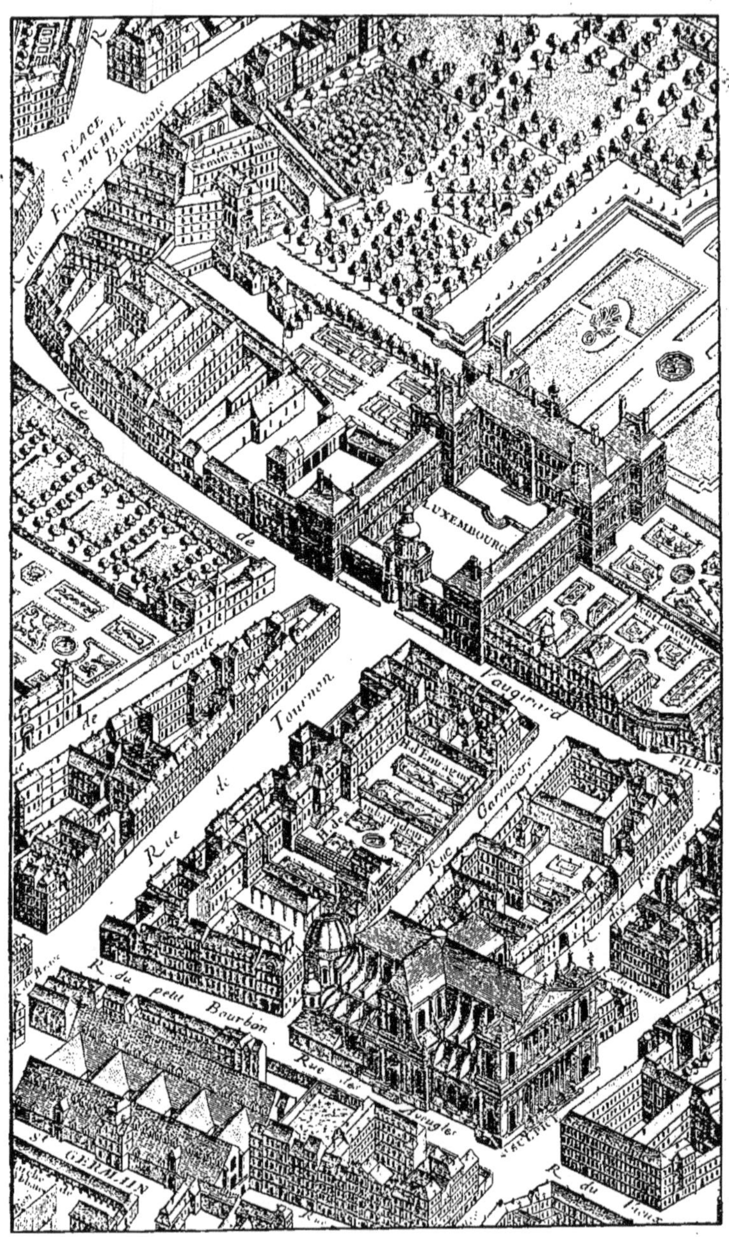

LE LUXEMBOURG ET SES ENVIRONS

(Extrait du plan *dit* de Turgot, 1734-1739).

www.ingramcontent.com/pod-product-compliance
Ingram Content Group UK Ltd.
Pitfield, Milton Keynes, MK11 3LW, UK
UKHW010916160726
13695UKWH00007B/2586